JESUS FRAGT DICH!

Kelly Kregel & Peter Wilhelm Keinecke

JESUS FRAGT DICH!

Impulse für ein Dialog-Tagebuch

Band 1 – Freundschaft mit Jesus

Kelly Kregel & Peter Wilhelm Keinecke

K&K ENTERPRISE

IMPRESSUM

Jesus fragt Dich! Impulse für ein Dialog-Tagebuch
Band 1 Freundschaft mit Jesus
ISBN Taschenbuch: 978-3-9819392-1-7
ISBN Hardcover: 978-3-9819392-3-1
ISBN e-Book: 978-3-9819392-0-0

Copyright © 2018 K&K Enterprise – Dr. Kerstin Kregel, Voerde
www.jesusfragtdich.de
dr.kerstin.kregel@jesusfragtdich.de
Markusevangelium: www.offene-bibel.de;
Lizenz: http://creativecommons.org/licenses/by-sa/3.0/deed.de
Lektorat: Anna Kregel
Herstellung und Vertrieb: tredition GmbH, Hamburg

Bibliografische Information der deutschen Nationalbibliothek:
Die deutsche Nationalbibliothek verzeichnet diese Publikation in der
Deutschen Nationalbibliografie; detaillierte bibliografische Daten sind
im Internet über http://dnb.dnb.de abrufbar.

Für alle, die
vor uns glaubten,
mit uns glauben,
nach uns glauben werden.

INHALTSVERZEICHNIS

Einführung:
    Zum Geleit   8
    Wie Du dieses Tagebuch benutzt   10

Fragen Jesu:
    Was für Gedanken hast Du in Deinem Herzen?   13
    Warum hast Du solche Angst? & Hast Du noch keinen Glauben?   21
    Wie heißt Du?   35
    Wer hat mein Gewand berührt? & Warum schreist und weinst Du?   45
    Wie viele Brote hast Du? (1)   63
    Begreifst auch Du nicht?   71
    Wie viele Brote hast Du? (2)   79
    Was forderst Du ein Zeichen?   87
    Verstehst Du immer noch nicht?   95
    Siehst Du etwas?   103
    Für wen halten mich die Menschen? & Du aber, für wen hältst Du mich?   111
    Warum streitest Du mit Ihnen?   127
    Worüber habt Ihr auf dem Weg gesprochen?   135

Was soll ich für Dich tun?	143
Was willst Du, dass ich Dir tue?	151
Warum versuchst Du mich, warum stellst Du mir eine Falle?	159
Warum lässt Du sie nicht in Ruhe?	167
Schläfst Du immer noch und ruhst Dich aus?	175

Weitere Fragen und ihre Antworten:

Wie entstand dieses Buch?	184
Wieso verwenden wir die Offene Bibel?	186
Wieso duzen wir unsere Leser?	186
Wer sind wir?	187

Wir über uns	188
Quellenverzeichnis	190

ZUM GELEIT

Jesus stellt seinen Zeitgenossen immer wieder Fragen. In die unterschiedlichsten Lebenssituationen fragt er hinein. Die Fragen treffen auf Menschen mit verschiedenen Denkrichtungen, Ideen, Vorstellungen. Sie fordern zum Gespräch mit den eigenen Einstellungen, mit der inneren Eingefahrenheit oder Orientierungslosigkeit heraus. Jesu Fragen sollen öffnen für einen Dialog mit Gott – dem wahren Leben.

Auch heute stellen Jesu Leben und seine Botschaft uns vor Fragen. Aber wie mit Jesus ins Gespräch kommen?
Wir haben die Erfahrung gemacht: Die direkten Fragen, die Jesus an seine Zeitgenossen richtet, können auch uns mit ihm in ein Gespräch bringen. Wir dürfen antworten, obwohl die Fragen bei uns in ganz andere Lebenssituationen hinein treffen. Aus Frage und Antwort kann sich ein Gespräch entwickeln und sogar eine freundschaftliche Beziehung entstehen.

Freundschaft heißt für uns einander nahe zu sein, in Kontakt zu kommen, sich gemeinsam zu freuen, Schönes zu genießen, zusammen zu lachen, einander Ängste zum Ausdruck zu bringen, Trauer und Schmerz zu teilen, Leid zu tragen und mitzutragen. Füreinander da zu sein in glücklichen und unglücklichen Momenten. Freunde sprechen miteinander, Freunde dürfen auch Fragen stellen. Sie fördern einander.

Die direkten Fragen Jesu im Markus Evangelium stehen in diesem Buch im Mittelpunkt. Je nach Bibelübersetzung werden die Fragen unterschiedlich formuliert. Wir orientieren uns bei der Frageformulierung an der neuen Einheitsübersetzung. Um in das persönliche Gespräch hineinzuführen, sind einige Fragen in die direkte Ansprache umformuliert. Die Abschnitte, in denen die Fragen vorkommen, sind von uns überarbeitete Texte der Studienfassung der Offenen Bibel (www.offene-bibel.de).
Die Gedanken und Gefühle, die Fragen in uns auslösen, können natürlich je nach Formulierung variieren. Für uns ist aber entscheidend, mit Jesus in ein Gespräch zu kommen. Deshalb bietet dieses Buch ausreichend Raum für eigene schriftliche Antworten. Darüber hinaus stellen wir unsere Antworten als Impulse vor. Zitate berühmter Menschen und Gebete aus aller Welt runden den Inhalt des Buches ab.

Jesus macht mit seinen Fragen aufmerksam auf Gottes Weg mit uns und seinen Weg für uns. Er weckt auf, ermutigt, lässt umdenken, bringt uns weiter in unseren inneren Einstellungen und in unseren Haltungen gegenüber den Mitmenschen. Er möchte uns ins Gespräch mit sich und seinem himmlischen Vater bringen. Die Fragen fordern Antworten heraus. Wir sind aufgefordert mit unserem Herzen, unseren Worten und unserem Leben zu antworten. So schließen die Fragen Jesu neue Lebensperspektiven auf.

Viel Freude auf deinem Weg mit Jesus wünschen Dir
Kelly Kregel & Peter Wilhelm Keinecke

WIE DU DIESES TAGEBUCH BENUTZT

Blättere täglich im Buch.

Welche Frage spricht Dich heute an?

Geh kreativ und unkonventionell mit den Fragen um:
Du triffst Dich mit Jesus zum Eishockeyspiel und er fragt Dich: »Für wen halten mich die Menschen?«
Du begegnest Jesus zufällig beim Picknick im Park und er fragt: »Wie viele Brote hast Du?«
...

Schreib Deine Gedanken ins Buch!
Was berührt Dich?
Woran denkst Du?
Was fühlst Du?

Gib Jesus eine Antwort!
Versuch in unterschiedlichen Formen zu antworten:
Mit Gedichten, Videos, Bildern, Liedern, ...

Stelle Fragen an Jesus!

Nimm Dir Zeit!

Sprich mit Deinen Freunden über die Fragen!
  Lass dich bereichern von fremden Gedanken.
  Denke daran: Es gibt kein Richtig oder Falsch,
  kein Besser oder Schlechter.

Sei nicht entmutigt, wenn es mal nicht so läuft!

Lass Dich inspirieren:
  vom Text des Evangeliums,
  von unseren Antworten,
  von den Zitaten berühmter Menschen
  und den Gebeten aus aller Welt.

Du willst Deine Antworten mit anderen teilen?
  Dann schreib uns auf: www.jesusfragtdich.de

In Gott,
in Gottes Wort leben wir.
Das Wort rief uns ins Dasein.

Menschsein lässt sich daher so beschreiben:
Dem Wort Antwort sein.
Antwort geben ist schon viel,
Antwort sein ist alles.

      M. Simone Weber ADJC

JESUS FRAGT DICH!

*Was für Gedanken
hast Du in
Deinem Herzen?*

Markus 2,1-12

Als Jesus nach einigen Tagen wieder zurück nach Kafarnaum kam, wurde bekannt, dass er in einem bestimmten Haus war. Es versammelten sich so viele Menschen im Haus, dass es dort keinen Platz mehr gab, auch nicht vor der Tür. Und er verkündete ihnen das Wort.
Da kamen einige Leute und brachten einen Gelähmten zu ihm. Er wurde von vier Männern getragen. Weil es ihnen wegen der Menschenmenge nicht gelang ihn zu Jesus zu bringen, deckten sie über der Stelle, wo Jesus war, das Hausdach ab. Dann ließen sie den Gelähmten, der auf einer Matte lag, durch das Dach hinab. Als Jesus ihren Glauben sah, sagte er zu dem Gelähmten: »Sohn, deine Sünden sind dir vergeben!«
Einige Schriftgelehrte, die dabei saßen und alles miterlebten, setzten sich in Gedanken mit Jesu Worten auseinander. Sie dachten: »Warum redet der so? Er lästert Gott! Wer kann Sünden vergeben? Doch nur der Eine – Gott!«
Jesus erkannte sofort, was sie dachten. Darum sagte er zu ihnen: »Was für Gedanken habt ihr in euren Herzen? Was ist leichter zu dem Gelähmten zu sagen: ›Deine Sünden sind dir vergeben!‹ oder: ›Steh auf, nimm deine Matte und geh umher!‹? Ihr sollt aber erkennen, dass der Menschensohn die Macht hat, auf der Erde Sünden zu vergeben.« Dann sagte er zu dem Gelähmten: »Steh auf, nimm deine Matte und geh nach Hause!« Da stand der Gelähmte auf, ergriff seine Matte und ging vor aller Augen hinaus. Alle waren außer sich. Sie lobten Gott und riefen: »So etwas haben wir noch nie erlebt!«

HERR,
du durchschaust mich,
du kennst mich bis auf den Grund.
Ob ich sitze oder stehe, du weißt es,
du kennst meine Pläne von ferne.
Ob ich tätig bin oder ausruhe,
du siehst mich;
jeder Schritt, den ich mache,
ist dir bekannt.
Ehe ein Wort auf meine Zunge kommt,
hast du, HERR, es schon gehört.
        Psalm 139,1-4

Was für Gedanken hast Du in Deinem Herzen?

WAS BERÜHRT DICH? – WORAN DENKST DU? – WAS FÜHLST DU?

Was für Gedanken hast Du in Deinem Herzen?

DEINE ANTWORT AN JESUS:

Was für Gedanken hast Du in Deinem Herzen?

?	?	?	2	?	C	?	?	4
?	?	H	?	?	?	?	5	B
?	7	2	?	?	1	?	?	?
?	?	?	G	?	?	?	3	?
9	?	?	?	4	?	?	?	E
?	D	?	?	?	6	?	?	?
?	?	?	3	?	?	2	A	?
5	8	?	?	?	?	6	?	?
C	?	?	H	?	9	?	?	?

Was für Gedanken hast Du in Deinem Herzen?

Jesus,
fragst Du nach meinem inneren Chaos?
Oder
fragst Du nach dem Vielen,
was auf mich von außen einströmt?
Oder
fragst Du nach den Gedanken, die ich nicht verarbeiten,
nicht abweisen, nicht loslassen kann?
Oder
möchtest Du wissen, was mich antreibt,
was mich jetzt bewegt?
Oder
fragst Du nach dem roten Faden in meinem Denken? –
Gibt es so etwas überhaupt bei mir?

Willst Du mich auffordern, in all dem klarer zu werden?
Oder
willst Du wissen, welches Denken bei mir dem
Wirken Gottes entgegen steht?

Jesus, Du zeigst mir:
Du willst und kannst vergeben, aufrichten,
in Bewegung bringen.
Du kannst einen neuen Anfang
zu wirklichem Leben bewirken.

Ich glaube:
Mit Dir ist Wandlung möglich –
wo es nötig ist, wandle Du mich, Herr!

Was für Gedanken hast Du in Deinem Herzen?

DEINE FRAGEN AN JESUS:

Warum hast Du solche Angst?

Hast Du noch keinen Glauben?

Markus 4,35-41

Als es Abend geworden war, sagte Jesus zu seinen Jüngern: »Lasst uns ans andere Ufer fahren!« Da schickten die Jünger die Menschenmenge weg und nahmen Jesus in dem Boot (von dem aus er den Tag über gepredigt hatte) mit. Auch andere Boote waren bei ihm. Und es kam ein starker Sturmwind auf. Die Wogen schlugen bald so heftig in das Boot, dass es sich langsam mit Wasser zu füllen begann. Jesus schlief währenddessen auf einem Kissen am Heck. Die Jünger weckten ihn und schrien: »Lehrer, kümmert es dich nicht, dass wir umkommen?« Da wachte er auf, fuhr den Wind an und rief dem See zu: »Still, sei ruhig!« Sofort ließ der Wind nach und es trat eine große Stille ein.
Dann sagte Jesus zu ihnen: »Warum habt ihr solche Angst? Habt ihr noch keinen Glauben?« Die Jünger aber wurden von großer Furcht ergriffen und sagten zueinander: »Wer ist denn dieser Mann, dass sogar der Wind und der See ihm gehorchen?«

Im Glauben kann ich alles ertragen
– hoffe ich –
aber eine ängstliche Vorsicht zermürbt.

Dietrich Bonhoeffer (1906-1945)

Warum hast Du solche Angst?

WAS BERÜHRT DICH? – WORAN DENKST DU? – WAS FÜHLST DU?

Warum hast Du solche Angst?

DEINE ANTWORT AN JESUS:

Warum hast Du solche Angst?

Angst
ja Angst
Dich kenne ich!
Angst vorm Sterben,
Angst vorm Scheitern,
Angst vor Verletzung,
Angst vor Blamage.
Aus der Nummer mit dem Sterben
komm ich wohl nicht heraus
– ob mit oder ohne Angst –
na ja
und der Rest?
—
Was solls!

Warum hast Du solche Angst?

Warum habe ich solche Angst?
Habe ich noch keinen Glauben?
Jesus, Heiland, Retter!
Sende mir den Geist der Klarheit und Stärke.
Hilf meinem Kleinglauben auf.
Lass mein Gottvertrauen wachsen.

Um solch einen Weg des Vertrauens und Glaubens,
um solch eine Glaubensentscheidung,
um solch einen Lebensweg aus der Angst heraus,
betete der selige Charles de Foucauld,
und mit ihm will ich beten:
»Mein Vater,
ich überlasse mich dir,
mach mit mir, was dir gefällt.
Was du auch mit mir tun magst, ich danke dir.
Zu allem bin ich bereit, alles nehme ich an.
Wenn nur dein Wille sich an mir erfüllt
und an allen deinen Geschöpfen,
so ersehne ich weiter nichts, mein Gott.
In deine Hände lege ich meine Seele;
ich gebe sie dir, mein Gott,
mit der ganzen Liebe meines Herzens,
weil ich dich liebe,
und weil diese Liebe mich treibt,
mich dir hinzugeben,
mich in deine Hände zu legen, ohne Maß,
mit einem grenzenlosen Vertrauen;
denn du bist mein Vater.«

Warum hast Du solche Angst?

DEINE FRAGEN AN JESUS:

Ihr alle, die ihr nach Gott fragt:
Neuer Mut soll eure Herzen erfüllen!
Denn der HERR hört
das Rufen der Hilflosen,
er lässt die Seinen nicht im Stich,
wenn sie gefangen sind.

Psalm 69,33-34

Hast Du noch keinen Glauben?

WAS BERÜHRT DICH? – WORAN DENKST DU? – WAS FÜHLST DU?

Hast Du noch keinen Glauben?

DEINE ANTWORT AN JESUS:

Hast Du noch keinen Glauben?

Hast Du noch keinen Glauben?

*Deine Nähe zu finden,
Deine Weisheit zu schätzen – das fällt mir leicht!
Mich in Deinem Umfeld zu bewegen,
an Dich zu denken und zu beten – das erfreut mich!
Du sprichst mich immer wieder aufs Neue an
und rufst mich mit meinem Namen – das tut mir gut!*

*Aber glauben, mich anvertrauen?
Was für eine Entscheidung!
Was für ein Wagnis!*

*Soll ich mich ganz auf Dich und
Deinen Weg einlassen, Jesus?
Soll ich mit Dir achtsam lauschen,
immer hörender werden und
wie Du gehorsam dem Willen des Vaters folgen?
Soll ich vertrauen in Widrigkeiten,
bei Gegenwind und aufgewühltem Herzen,
bei Schmerz und Leid,
in Einsamkeit und in meiner letzten Stunde?*

*Soll ich aufbrechen,
obwohl alles Beständigkeit sagt;
soll ich beständig bleiben,
obwohl alles zum Aufbruch drängt?
Darf ich allein oder mit wenigen gegen die Masse stehen?
Wird Gott, der Vater, mir in alldem beistehen?*

Ich glaube Herr – hilf meinem Unglauben!

Hast Du noch keinen Glauben?

DEINE FRAGEN AN JESUS:

JESUS FRAGT DICH!

Wie heißt du?

Markus 5,1-20

Jesus und seine Jünger kamen an das andere Ufer des Sees, in das Gebiet der Gerasener. Als Jesus gerade aus dem Boot stieg, kam von den Grabhöhlen her ein Mann mit einem unreinen Geist auf ihn zu. Der hatte seine Behausung in den Grabhöhlen. Nicht einmal mit Ketten konnte man ihn bändigen. Er war nämlich schon mehrfach an Füßen und Händen gefesselt worden, aber jedes Mal hatte er die Ketten zerrissen und die Fußfesseln zerrieben. Niemand war stark genug, ihn unter Kontrolle zu bringen. Die ganze Zeit hielt er sich in den Grabhöhlen oder auf den Bergen auf. Dabei schrie er ständig und schlug mit Steinen auf sich ein.
Als der Mann Jesus von Weitem sah, kam er angerannt und warf sich vor ihm nieder. Er rief mit lauter Stimme: »Was willst du von mir, Jesus, Sohn Gottes des Höchsten? Ich beschwöre dich bei Gott, mich nicht zu quälen!« Denn Jesus hatte zu ihm gesagt: »Fahre aus dem Mann, unreiner Geist!«. Jetzt fragte er ihn: »Wie heißt du?« Der antwortete ihm: »Mein Name ist Legion, denn wir sind viele.« Und er flehte ihn immer wieder inständig an, sie nicht aus der Gegend zu vertreiben.
Nun aber weidete in der Nähe am Berghang gerade eine große Schweineherde und die unreinen Geister baten Jesus: »Schicke uns in die Schweine! Wir wollen in sie fahren!« Er erlaubte es ihnen.

Da fuhren sie aus und in die Schweine hinein. Die Schweineherde raste den Abhang hinunter in den See. Ungefähr zweitausend Tiere ertranken. Da ergriffen ihre Hirten die Flucht und verbreiteten die Nachricht in der Stadt und auf dem Land. Die Menschen aus der Gegend machten sich auf, um zu sehen was geschehen war. Sie kamen zu Jesus und sahen, dass der Besessene, der die Legion gehabt hatte, genau dieser, bekleidet dasaß und bei Verstand war. Und sie fürchteten sich. Die, die alles gesehen hatten, erzählten was mit dem Besessenen und mit den Schweinen passiert war. Da drängten sie Jesus, ihr Gebiet zu verlassen.
Jesus stieg ins Boot, der aber, der besessen gewesen war, flehte ihn an, bei ihm bleiben zu dürfen. Doch Jesus erlaubte es ihm nicht. Er sagte zu ihm: »Geh nach Hause zu den deinen und berichte ihnen, was der Herr für dich getan hat und wie er Erbarmen mit dir hatte!« Da ging er fort und begann in der Dekapolis zu verkünden, was Jesus für ihn getan hatte und alle wunderten sich.

Wie heißt Du?

WAS BERÜHRT DICH? – WORAN DENKST DU? – WAS FÜHLST DU?

Wie heißt Du?

DEINE ANTWORT AN JESUS:

Wie heißt Du?

Wie ich heiße?
Wer ich bin?
Was mich kennzeichnet?
Peter - Petrus - Der Fels!

Oft habe ich den Eindruck,
anderen Menschen Halt und Sicherheit zu geben,
Fundament zu haben und Fundament zu sein.

Aber ein Fels ist auch hart, abweisend, eigensinnig.
Vielleicht bemerke ich viele Gedankenanstöße nicht,
durch die der Vater im Himmel mich aufbauen
und formen will.
Vielleicht lasse ich viele Worte nicht an mich heran,
die Menschen mir mit auf den Weg geben.
Vielleicht verliere ich manchmal selbst den Halt.

Wie heiße ich?
Wer bin ich?
Doch auch Christ
und auf deinen Namen, Jesus, getauft!
Von Gott geheilt - gerettet - gesandt,
soll ich heilsam wirken,
soll ich beitragen zum Aufbau in dieser Welt.

<u>Wie heißt Du?</u>

*Petrus, der Fels, der Stein,
soll dem Aufbau des Gottesreiches dienen.
Er muss nicht im Boden festliegen und
verborgen bleiben.
Er kann sich mit anderen zusammen bewegen und
gestalten lassen.*

*Ich möchte erkennen und annehmen,
was in mich hineingelegt ist.
Ich möchte wirken, wozu der Vater mich ruft.
Hilf mir dabei, Jesus, immer wieder neu!*

<u>*Wie heißt Du?*</u>

Kelly Kregel Gottes geliebtes

Spring-ins-Feld

Ich trage deinen Namen, Herr,
und bin doch namenlos.
Verloren bin ich oft –
kann ich gefunden werden?
Mag man die Massen
auch statistisch fassen,
aus Menschen Nummern machen –
du, Herr, rufst mich
stets bei meinem Namen.

    Aus Asien

Wie heißt Du?

DEINE FRAGEN AN JESUS:

JESUS FRAGT DICH!

Wer hat mein Gewand berührt?

Warum schreist und weinst Du?

Markus 5,21-43

Nachdem Jesus mit dem Boot wieder zurück ans andere Ufer gefahren war, versammelte sich eine große Menschenmenge bei ihm. Er war noch am See, da kam ein Synagogenvorsteher namens Jairus. Er sah Jesus, warf sich ihm zu Füßen und bat ihn inständig: »Meine kleine Tochter ist dem Tode nahe. Komm doch und lege ihr deine Hände auf, damit sie gerettet wird und lebt!« Da ging Jesus mit ihm. Eine große Menschenmenge folgte und drängte sich um ihn.
Da war eine Frau, die seit zwölf Jahren an Blutungen litt. Sie hatte mit vielen Ärzten viel durchgemacht und ihren gesamten Besitz dafür ausgegeben, ohne etwas zu erreichen. Im Gegenteil, es war ihr immer schlechter gegangen. Als sie von Jesus hörte, näherte sie sich ihm in der Menge von hinten an und berührte seine Kleidung. Sie dachte nämlich: »Wenn ich auch nur seine Kleidung berühre, werde ich geheilt!« Sofort versiegte die Quelle ihrer Blutung und sie spürte in ihrem Körper, dass sie von ihrem Leiden geheilt war. Jesus, der innerlich sofort merkte, dass eine Kraft von ihm ausgegangen war, drehte sich in der Menschenmenge um und fragte: »Wer hat mein Gewand berührt?« Da sagten seine Jünger zu ihm: »Du siehst doch die Menschenmenge, die sich um dich drängt und da fragst du: Wer hat mich berührt?« Jesus blickte um sich, um zu sehen, wer es gewesen war. Die Frau fürchtete sich und zitterte, weil sie wusste, was mit ihr passiert war. Sie kam, warf sich vor ihm nieder und erzählte ihm die ganze Wahrheit.

Da sagte Jesus zu ihr: »Tochter, dein Glaube hat dich gerettet. Geh in Frieden, und sei von deinem Leiden geheilt!«
Während er noch redete, kamen die Leute aus dem Haus des Synagogenvorstehers und richteten ihm aus: »Deine Tochter ist gestorben. Was bemühst du noch den Lehrer?« Als Jesus dies hörte, sagte er zu dem Synagogenvorsteher: »Fürchte dich nicht, glaube nur!« Und er erlaubte niemandem ihn zu begleiten, außer Petrus, Jakobus und Johannes, dem Bruder des Jakobus.
Als sie zum Haus des Synagogenvorstehers kamen, sah Jesus ein lärmendes Durcheinander und Menschen, die weinten. Beim Betreten des Hauses fragte er sie: »Warum schreit und weint ihr? Das Kind ist nicht tot, sie schläft nur!« Da lachten sie ihn aus. Doch Jesus warf alle hinaus. Dann nahm er den Vater und die Mutter des Kindes und seine Begleiter mit und ging in das Zimmer, in dem sich das Mädchen befand. Er nahm die Hand des Kindes und sagte zu ihr: »Talita kum!«, das heißt übersetzt: »Mädchen, ich sage dir, steh auf!«. Sofort erhob sich das zwölfjährige Mädchen und begann umher zu gehen. Da waren alle ganz fassungslos. Jesus aber schärfte ihnen unmissverständlich ein, dass niemand davon erfahren dürfe. Zudem sagte er, man solle dem Mädchen etwas zu essen geben.

Wer hat mein Gewand berührt?

WAS BERÜHRT DICH? – WORAN DENKST DU? – WAS FÜHLST DU?

Wer hat mein Gewand berührt?

DEINE ANTWORT AN JESUS:

Wer hat mein Gewand berührt?

Das Taufkleid wird mir übergestreift und
dabei wird mir zugesprochen:
»Du hast Christus als Gewand angelegt,
bewahre diese Würde bis zum ewigen Leben.«

Jesus, Du berührst mich und lässt mich
in Dir wohnen.
Von Dir bin ich umkleidet.
Du bist mein Habitus - meine Wohnung.

Du legst Deine Hand auf mich:
bei der Firmung, bei der Priesterweihe
und bei der Taufe.
Du heiligst und wandelst mich, durch Deinen Geist.

Ich darf Dich zu den Menschen tragen:
Mit dem, was ich durch Dich bin und wie ich bin;
mit dem, was ich ausstrahle, wie ich rede,
wie ich handle.
Du berührst mich – und weit mehr ...

Doch wie nahe kommen mir Dein Leben,
Deine Worte und Dein Wirken?
Wie tief geht diese Berührung?
Wie nah bin ich Dir?
Wie nah will ich, dass Du mir bist?

<u>Wer hat mein Gewand berührt?</u>

*Ich strecke die Hand nach Dir aus,
um Dir auf deinem Weg zu folgen.
Doch zögernd bleibe ich zurück und
berühre nur Dein Gewand.*

*Dir näher zu kommen - traue ich mich nicht.
Mich von Dir umarmen zu lassen - ängstigt mich.*

*Wirst Du mich so wandeln,
dass ich mich nachher noch wiedererkenne?*

*Darf ich hoffen, dass mein Leben nicht zerfließt?
Wirst Du den leeren Lebensfluss stoppen und mein
Leben zum rechten Fließen bringen?*

*Jesus lass mein Leben heilsam fließen,
wie das Deine geflossen ist -
zum Heil der Menschen und zum Lobe Gottes!*

Wer hat mein Gewand berührt?

> Berührt – ja – berührt,
> ich berühre Dich,
> vielmehr – Du berührst mich.
> Dich berühren – nein – das traue ich mich nicht,
> zu groß wäre die Enttäuschung,
> wenn nichts geschehen würde.
>
> Immer wieder komme ich zu Dir – voller Hoffnung,
> immer wieder,
> immer wieder wage ich Deine Nähe,
> aber – Dich berühren – das kann ich nicht.
>
> Doch dann – dieser Tag!
> So unscheinbar wie all die anderen Tage.
> Ich weiß nichts von Deiner Gegenwart,
> und dann – dann berührst Du mich,
> mitten ins Herz!
>
> Was geschieht dann?
> Äußerlich ist alles wie immer.
>
> Und innerlich?
> Ich lebe mein Leben
> nicht mehr tot –
> sondern lebendig!

Was wäre das Leben ohne Hoffnung?
Ein Funke, der aus der Kohle springt
und verlischt.

Friedrich Hölderlin (1770-1843)

Wer hat mein Gewand berührt?

DEINE FRAGEN AN JESUS:

Du musst durch die Nacht wandeln,
wenn du die Morgenröte sehen willst.

Als ich meinen Schmerz
auf den Acker der Geduld pflanzte,
brachte er die Frucht des Glücks hervor.

    Khalil Gibran (1883-1931)

Warum schreist und weinst Du?

WAS BERÜHRT DICH? – WORAN DENKST DU? – WAS FÜHLST DU?

Warum schreist und weinst Du?

DEINE ANTWORT AN JESUS:

Warum schreist und weinst Du?

Ich stehe vor Mauern:
Versuche sie mit meinem Verstand zu beherrschen,
zu durchbrechen,
versuche sie mit meinem Willen zu bewegen
– doch – sie bleiben stehen.
Kämpfe mit allen Kräften meines Kopfes gegen sie an
– doch – sie rühren sich nicht.

Schreien möchte ich mit Ijob:
»Dort hören Frevler auf zu toben,
dort ruhen aus, deren Kraft erschöpft ist.
Auch Gefangene sind frei von Sorgen,
hören nicht mehr die Stimme des Treibers.
Klein und Groß ist dort beisammen,
der Sklave ist frei von seinem Herrn.
Warum schenkt er dem Elenden Licht
und Leben denen, die verbittert sind?
Sie warten auf den Tod, doch er kommt nicht,
sie suchen ihn mehr als verborgene Schätze.
Sie würden sich freuen und jubeln,
sie würden frohlocken, fänden sie ein Grab.
Wozu Licht für den Mann auf verborgenem Weg,
den Gott von allen Seiten einschließt?
Bevor ich noch esse, kommt mir das Seufzen,
wie Wasser strömen meine Klagen hin.
Was mich erschreckte, das hat mich getroffen,
wovor mir bangte, das kam über mich.
Noch hatte ich nicht Frieden, nicht Rast, nicht Ruhe,
da kam neues Ungemach heran.«

Warum schreist und weinst Du?

Ich stehe vor Mauern:
Werden sie sich öffnen
– ganz langsam –
eine nach der anderen?
Kann ich vertrauen, hoffen, glauben, lieben?

Ich stehe vor Mauern:
Sie öffnen sich!

Mit Ijob rufe ich:
»Ich habe erkannt, dass du alles vermagst.
Kein Vorhaben ist dir verwehrt.
Fürwahr, ich habe geredet, ohne zu verstehen,
über Dinge,
die zu wunderbar für mich und unbegreiflich sind.
Hör doch, ich will nun reden,
ich will dich fragen, du belehre mich!
Vom Hörensagen nur hatte ich von dir gehört,
jetzt aber hat mein Auge dich geschaut.
Darum widerrufe ich.
Ich bereue in Staub und Asche.«

Warum schreist und weinst Du?

Schreien? Weinen?
Ich nicht!
Nicht äußerlich zumindest.

Aber, warum weinen und schreien in meinem Leben?

Soll ich weinen,
wegen der vielen Abschiede von Menschen, Orten und Möglichkeiten,
wegen meiner Verfehlungen und Unterlassungen,
wegen meiner unzureichend liebevollen Kommunikation mit Dir und den Mitmenschen,
wegen …?

Soll ich schreien,
wegen all der Schmerzen und Ängste,
wegen des Unfriedens und der Irrwege
in unserer Zeit,
wegen der Todverfallenheit dieser Welt,
wegen …?

Du fragst nach dem Warum?
Möchtest Du mit mir ins Gespräch kommen?
Sagst Du mir:
Steh zu deinem Schmerz, vertrau ihn mir an,
das Leben wird sich verwandeln,
ich kann neuen Anfang schenken,
vertraue mir, glaube nur!?

Ich will nicht darum bitten,
dass Sorge und Not mich nicht treffen.
Gib mir jedoch den Geist der Geduld,
sie ohne Geschrei zu erleiden.

Ich will nicht darum bitten,
dass Probleme und Schmerzen
mich nicht zum Weinen bringen.
Gib mir jedoch den Geist des Mutes,
ihnen ohne Angst ins Auge zu sehen.

Ich will nicht darum bitten,
dass Enttäuschung und einsames Wandern
aus mir keinen traurigen Reisenden machen.
Sei jedoch mit mir, Herr,
wenn ich mich verlassen fühle, verzweifelt bin,
aus tiefstem Herzen flüstere ich dir das zu.

Aus Myanmar

Warum schreist und weinst Du?

DEINE FRAGEN AN JESUS:

JESUS FRAGT DICH!

*Wie viele
Brote hast Du?*

Markus 6,30-44

Die ausgesandten Jünger kamen wieder bei Jesus zusammen. Sie berichteten ihm alles, was sie getan und was sie gelehrt hatten. Und er sagte zu ihnen: »Kommt ihr doch ganz allein mit mir an einen abgelegenen Ort und ruht euch ein wenig aus!« Denn es waren viele Menschen, die kamen und gingen und sie fanden nicht einmal Zeit zum essen. Da fuhren sie mit dem Boot zu einem einsamen Ort, ganz allein. Allerdings sahen die Leute wie sie aufbrachen und erkannten ihre Absicht. Die Menschen liefen zu Fuß aus allen Städten zusammen und kamen noch vor ihnen an dem abgelegenen Ort an.
Als Jesus ausstieg, sah er eine große Menschenmenge und er empfand Mitleid mit ihnen. Denn sie waren wie Schafe, die keinen Hirten haben. Er begann sie vieles zu lehren und er lehrte sie lange. Als es schon spät geworden war, kamen seine Jünger zu ihm und sagten: »Diese Gegend ist abgelegen und es ist schon spät – verabschiede die Leute doch, damit sie zu den umliegenden Bauernhöfen und Dörfern gehen können, um sich etwas zu essen zu kaufen.« Jesus antwortete ihnen: »Gebt ihr ihnen doch zu essen!« Da sagten sie zu ihm: »Sollen wir losgehen und für zweihundert Denare Brote kaufen und ihnen zu essen geben?« Er aber antwortete: »Wie viele Brote habt ihr? Geht und schaut nach!« Und nachdem sie es festgestellt hatten, sagten sie: »Fünf, und zwei Fische.«

Daraufhin wies er sie an, dafür zu sorgen, dass sich alle in Gruppen auf das grüne Gras setzten. Und sie nahmen in Gruppen von hundert und von fünfzig Personen Platz. Da nahm er die fünf Brote und die zwei Fische, blickte zum Himmel auf und segnete sie. Dann brach er die Brote und gab sie seinen Jüngern, damit sie sie an die Leute austeilten. Auch die zwei Fische verteilte er an alle. Und alle aßen und wurden satt und sie hoben zwölf große Körbe voller Reststücke auf, auch von den Fischen. Fünftausend Männer waren es, die von den Broten gegessen hatten.

Wie viele Brote hast Du?

WAS BERÜHRT DICH? – WORAN DENKST DU? – WAS FÜHLST DU?

Wie viele Brote hast Du?

DEINE ANTWORT AN JESUS:

Wie viele Brote hast Du?

    Brot?

    Was fragst Du mich nach Brot?
    Du weißt doch, ich mag kein Brot.

    Oder fragst Du nach Essen?
    Zu essen habe ich genug, ja
    der ganze Schrank ist voll, und
    der Supermarkt ist nebenan, da
    gibt es mehr als genug Brot, komm,
    lass uns dorthin gehen.

Wie viele Brote hast Du?

Jesus, Du rufst wach in mir:
Gott beschenkt mich reichlich mit Seinem Brot;
mit Fähigkeiten, mit Kräften, mit allen Mitteln des
Lebens, mit immer neuen Möglichkeiten.

Ich hole die Brote hervor und dankbar wird mir
bewusst:
    Ich bin beschenkt!
    Ich bin geliebt!

Ich hole die Brote hervor und entdecke:
    Sie nähren mich!
    Sie lassen mich leben!

Ich hole die Brote hervor und spüre:
    Du stillst meinen Lebenshunger!
    Du stillst meinen Lebensdurst!

Ich hole die Brote hervor, damit ich in Deinem
Namen, Jesus:
    Hunger stille!
    Liebe schenke!
    Lebenskraft spende!
    Not lindere!

Für die, die mir anvertraut,
für die, die mir unvermittelt aufgetragen,
mit ihnen Leben zu teilen,
Gemeinschaft zu gestalten.

Wie viele Brote hast Du?

DEINE FRAGEN AN JESUS:

JESUS FRAGT DICH!

*Begreifst
auch Du nicht?*

Markus 7,1-23

Die Pharisäer und einige der Schriftgelehrten, die aus Jerusalem gekommen waren, versammelten sich bei Jesus. Und weil sie gesehen hatten, dass manche von seinen Jüngern mit unreinen, das heißt mit ungewaschenen Händen, ihr Brot aßen, erkundigten sie sich bei ihm: »Weshalb leben deine Jünger nicht nach der Überlieferung der Alten, sondern essen das Brot mit unreinen Händen?«
Die Pharisäer und die Juden überhaupt essen nämlich nicht, wenn sie sich nicht sorgfältig mit einer Handvoll Wasser, in der vorgeschriebenen Weise, die Hände gewaschen haben. Sie halten an der Überlieferung der Vorfahren fest. Auch nach der Rückkehr vom Markt essen sie nicht, bis sie sich einer Reinigung unterzogen haben. Es gibt noch viele andere Regeln, die zu halten sie übernommen haben wie das Abspülen von Bechern, Krügen, Kupfergefäßen und Sitzpolstern.
Jesus antwortete auf ihre Frage, indem er sagte: »Zurecht hat Jesaja über euch Scheinheilige geweissagt wie geschrieben steht: ›Dieses Volk ehrt mich mit den Lippen, aber ihr Herz ist weit von mir entfernt. Sie beten mich vergeblich an. Was sie lehren, sind Gebote von Menschen.‹ Während ihr Gottes Willen außer Acht lasst, haltet ihr euch an die Überlieferung der Menschen. Geschickt setzt ihr Gottes Gebot außer Kraft, um eure Überlieferung zur Geltung zu bringen. Mose hat doch gesagt: ›Ehre deinen Vater und deine Mutter!‹ und: ›Wer Vater oder Mutter verflucht, muss sterben.‹

Ihr jedoch sagt: ›Wenn ein Mensch zu seinem Vater oder seiner Mutter sagt: Alles von mir, was dich unterstützen würde, ist Korban!‹ – das heißt Opfergabe – dann ist es ihm nicht mehr erlaubt, etwas für seinen Vater oder seine Mutter zu tun. So hebt ihr durch eure Überlieferung Gottes Wort auf. Darüber hinaus tut ihr viele vergleichbare Dinge.«
Dann rief Jesus die Menschenmenge wieder zu sich und sprach nun zu ihnen: »Hört mir alle zu und versteht: Nichts, was von außerhalb des Menschen in ihn hinein gelangt, kann ihn verunreinigen. Vielmehr verunreinigt den Menschen das, was aus ihm herauskommt. Wer Ohren hat zum Hören, soll hören!«.
Als Jesus ein Haus betrat, abseits der Menschenmenge, erkundigten sich seine Jünger bei ihm nach dem Gleichnis. Und er sagte zu ihnen: »Begreift auch ihr nicht? Versteht ihr nicht, dass alles, was von außen in den Menschen gelangt, ihn nicht verunreinigen kann, weil es nicht in sein Herz gelangt, sondern in seinen Magen und dann ausgeschieden wird?« – So erklärte Jesus alle Speisen für rein und er fuhr fort: »Was aus dem Menschen herauskommt, das verunreinigt den Menschen. Denn von innen, aus dem Herzen der Menschen, kommen die üblen Absichten: sexuelle Eskapaden, Diebstähle, Morde, Seitensprünge, Machthunger, Bosheiten, Hinterlist, Zügellosigkeit, Neid, Verleumdung, Überheblichkeit und Unvernunft – all diese schlechten Auswüchse kommen von innen her und verunreinigen den Menschen!«

Begreifst auch Du nicht?

WAS BERÜHRT DICH? – WORAN DENKST DU? – WAS FÜHLST DU?

<u>Begreifst auch Du nicht?</u>

DEINE ANTWORT AN JESUS:

Begreifst auch Du nicht?

    Doch, doch, ich begreife!
    Nur zwischen begreifen und umsetzen –
    da liegen manchmal Welten.

    Du fragst nach meinem Herzen –
    nach dem Innersten meiner Seele!

    Wo ist mein Herz?
    Ist es in Dir?

    Was bewegt meine Seele?
    Ist es Deine Liebe?

    Deine Liebe – das uneingeschränkte Ja.
    Das uneingeschränkte Ja zum Vater.
    Das uneingeschränkte Ja zu mir.
    Das uneingeschränkte Ja zum Nächsten.

    Ich will lieben!

Begreifst auch Du nicht?

Herr,
vieles in mir hindert mich, Liebe zu leben!

Angst, abgelehnt zu werden,
Angst, nicht angenommen zu sein,
Angst, aufzufallen,
Angst, verantwortlich gemacht zu werden.

Bedenken, anderen etwas überzustülpen,
Bedenken, Reibung zu verursachen,
Bedenken, Falsches zu wagen.

Herr,
hilf mir loszulassen
und mich zu öffnen,
damit ich in dieses Leben und
in diese Welt einbringe,
was du mir aufträgst:
Schöpfung mitzugestalten,
Leben zu wagen,
Liebe zu leben!

Begreifst auch Du nicht?

DEINE FRAGEN AN JESUS:

JESUS FRAGT DICH!

*Wie viele
Brote hast Du?*

Markus 8,1-10

Als in jenen Tagen wieder einmal eine große Menschenmenge bei Jesus war und sie nichts zu essen hatten, da rief er die Jünger zu sich und sagte zu ihnen: »Ich habe Mitleid mit den Leuten. Denn sie sind schon drei Tage lang bei mir und haben nichts zu essen. Wenn ich sie hungrig nach Hause gehen lasse, dann werden sie unterwegs zusammenbrechen. Und manche von ihnen sind von so weit hergekommen!« Seine Jünger antworteten ihm: »Woher soll man in dieser unbewohnten Gegend Nahrung nehmen, um all diese Leute hier satt machen zu können?« Und er fragte sie: »Wie viele Brote habt ihr?« Sie sagten: »Sieben.« Daraufhin gab er der Menschenmenge die Anweisung, auf dem Boden Platz zu nehmen; und nachdem er die sieben Brote genommen und ein Dankgebet gesprochen hatte, brach er sie und gab sie seinen Jüngern, um sie auszuteilen. Und die Jünger teilten die Brote an die Leute aus. Sie hatten auch ein paar kleine Fische dabei; und er segnete sie und ließ auch sie verteilen. Die Menschen aßen und wurden satt, und sie hoben die übrig gebliebenen Stücke auf, sieben Körbe voll. Es waren etwa viertausend Menschen. Danach verabschiedete er sie und gleich darauf stieg er mit seinen Jüngern in das Boot und gelangte in das Gebiet von Dalmanuta.

In jedem Brot ist die Gnade des
allmächtigen Gottes verborgen.

Niklaus von Flüe (1417-1487)

Wie viele Brote hast Du?

WAS BERÜHRT DICH? – WORAN DENKST DU? – WAS FÜHLST DU?

Wie viele Brote hast Du?

DEINE ANTWORT AN JESUS:

Wie viele Brote hast Du?

Brot?
Schon wieder?
Was möchtest Du von mir?

Brot!
Brot, das den Hunger stillt!

Hunger?
Jetzt verstehe ich!

Ich kann von meiner Liebe geben,
die das Schweigen überwindet!
Ich kann von meiner Hoffnung schenken,
die in die Zukunft schaut!
Ich kann von meinem Vertrauen erzählen,
das die Angst aufbricht!
Ich kann meine Freude teilen,
die die Trauer löst!
Ich kann von meinem Glauben sprechen,
der mir die Kraft zum Leben schenkt!

Jesus! Brot! Du stillst meinen Hunger!
Du bist meine Rettung!

Wie viele Brote hast Du?

Nicht nur einmal,
immer wieder,
fragst Du mich:
Wie viele Brote hast du?

Du möchtest, dass ich
als Beschenkter lebe,
nicht nur einfach da,
nicht nur einfach existent,
nicht nur einfach so.

So soll ich
täglich neu
in Dankbarkeit genießen,
was der Vater schenkt und teilen,
damit nicht nur gilt:
Gib uns täglich das, was wir brauchen!,
sondern auch:
Wie auch wir geben, was nötig ist,
damit Leben und Schöpfung gelingen!

Wie viele Brote hast Du?

DEINE FRAGEN AN JESUS:

JESUS FRAGT DICH!

*Was forderst Du
ein Zeichen?*

Markus 8,10-13

Jesus gelangte in das Gebiet von Dalmanuta. Da kamen die Pharisäer zusammen heraus und begannen mit ihm zu streiten. Dabei verlangten sie von ihm ein Zeichen vom Himmel, um ihn auf die Probe zu stellen. Er stöhnte innerlich auf und sagte: »Wie!? Was fordert diese Generation ein Zeichen? Amen, ich sage euch: Wenn dieser Generation ein Zeichen gegeben wird... !« Und er ließ sie stehen, stieg wieder ins Boot und fuhr zum anderen Ufer.

Du brauchst Gott
weder hier noch dort zu suchen,
er ist nicht weiter
als vor der Tür des Herzens;
dort steht er und harrt und wartet,
wen er bereit findet,
dass er ihm auftue und ihn einlasse.

Du brauchst ihn nicht von weither rufen;
er kann es kaum erwarten, dass du auftust.
Ihn drängt es tausendmal heftiger nach dir,
als dich nach ihm:
das Auftun und das Eingehen,
das ist nichts als ein Zeitpunkt.

        Meister Eckhart (ca. 1260-1327)

Was forderst Du ein Zeichen?

WAS BERÜHRT DICH? – WORAN DENKST DU? – WAS FÜHLST DU?

Was forderst Du ein Zeichen?

DEINE ANTWORT AN JESUS:

Was forderst Du ein Zeichen?

Zeichen schenktest du mir viele und
schenkst sie mir noch,
nun aber benötige ich diese Zeichen nicht mehr.

Darum bitte ich:
Lass meinen Glauben an Dich,
den dreieinigen Gott, lebendig sein.
Lass meinen lebendigen Glauben an Dich
in mir zur sprudelnden Quelle werden.
Zur sprudelnden Quelle der Liebe.
Zur sprudelnden Quelle der Freude.
Zur sprudelnden Quelle des Lebens.
Zur sprudelnden Quelle des Glaubens.
Zur sprudelnden Quelle der Nächstenliebe.
Auch in schwierigen Zeiten,
in Zeiten des Leides, der Trauer,
der Angst, der Gefangenschaft.

Amen

Was forderst Du ein Zeichen?

Oft spüre ich:
Du, Herr, gehst diesen Weg mit mir.
Du führst zum Guten, was mir fast missrät.
Du rufst »Halt«, wo der Abgrund gähnt.
Du sendest mich, um Gutes zu tun.

Danke!

Dennoch
sehne ich mich immer wieder nach Zeichen von Dir,
in Zeiten der Not und des Scheiterns,
in Zeiten der Entscheidung.

Aber
mehr als Zeichen,
brauche ich den Glauben,
Dich neben mir zu sehen, auch in Dunkelheit.

Was forderst Du ein Zeichen?

DEINE FRAGEN AN JESUS:

*Verstehst Du
immer noch nicht?*

Markus 8,14-21

Jesus fuhr mit seinen Jüngern im Boot zum anderen Ufer. Die Jünger hatten vergessen Brote mitzunehmen, sodass sie bis auf eines kein Brot im Boot dabei hatten. Und Jesus warnte sie: »Passt auf, hütet euch vor dem Sauerteig der Pharisäer und vor dem Sauerteig des Herodes!« Sie aber diskutierten weiter miteinander, weil sie keine Brote hatten. Und als Jesus das bemerkte, sagte er zu ihnen: »Warum macht ihr euch Gedanken darüber, dass ihr keine Brote habt? Begreift und versteht ihr denn immer noch nicht? Habt ihr ein verhärtetes Herz? Habt ihr Augen, aber seht nicht? Habt ihr Ohren, aber hört nicht? Erinnert ihr euch nicht? – Denkt daran: Als ich die fünf Brote für die fünftausend Menschen gebrochen habe, wie viele große Körbe voller Brotreste habt ihr aufgehoben?« Sie antworteten ihm: »Zwölf.« – »Und als ich die sieben Brote für die viertausend Menschen brach, wie viele Körbe voller Reststücke habt ihr aufgehoben?« Und sie sagten: »Sieben.« Da fragte Jesus sie: »Versteht ihr immer noch nicht?«

Glauben empfangen wir von Gott
immer nur so viel,
wie wir für den gegenwärtigen Tag
gerade brauchen.
Der Glaube ist das tägliche Brot,
das Gott uns gibt.

        Dietrich Bonhoeffer (1906-1945)

Verstehst Du immer noch nicht?

WAS BERÜHRT DICH? – WORAN DENKST DU? – WAS FÜHLST DU?

Verstehst Du immer noch nicht?

DEINE ANTWORT AN JESUS:

Verstehst Du immer noch nicht?

Hüte dich vor dem Sauerteig der Pharisäer und dem
Sauerteig des Herodes!

Das verstehe ich.
Die Zeiten ändern sich nicht.
Ein kleines Wort genügt ... und
die gesamte Atmosphäre ist vergiftet,
Unsicherheit geweckt,
Verwirrung gestiftet,
Hass geschürt.
Die Schlägertrupps rücken vor,
machen erst den Mund tot,
dann vielleicht den Rest.

Ja,
das verstehe ich!
Die Zeiten ändern sich nicht.
Hüte dich vor dem Sauerteig der Mächtigen!

Mich vor mir selbst zu hüten,
verstand ich lange Zeit nicht.
Streben nach Sicherheit liegt mir halt im Blut:
Das eigene Leben nicht zu wagen!

Das eigene Leben nicht wagen aus Angst vor ...!
Ja, aus Angst vor ... wem und was denn eigentlich?

Verstehst Du immer noch nicht?

Doch, Herr, ich verstehe:
Ich darf vertrauen
und brauche mir letztlich keine Sorgen zu machen!

Ich darf vertrauen:
Alles, was mir geschenkt wurde,
brauche ich nicht kleinlich berechnen.

Ich darf vertrauen:
An Vorschriften, Worten und Zeichen,
muss ich mich nicht festhalten.

Ich darf vertrauen:
Alles was mir anvertraut ist,
darf ich ins Leben einbringen.

Ich darf vertrauen:
Die Welt mitgestalten und
mein Leben in Gottes Hand geben.

Herr, gib,
dass aus Verstehen
Leben wird.

Verstehst Du immer noch nicht?

DEINE FRAGEN AN JESUS:

Siehst Du etwas?

Markus 8,22-26

Und sie kamen nach Betsaida. Da brachten die Leute einen Blinden zu ihm und baten Jesus, ihn zu berühren. Jesus nahm die Hand des Blinden und führte ihn aus dem Dorf hinaus. Dort spuckte er ihm in die Augen und legte ihm die Hände auf. Dann fragte er ihn: »Siehst du etwas?« Der Mann blickte auf und sagte: »Ich sehe die Leute wie Bäume – ich sehe sie umhergehen.« Daraufhin legte Jesus erneut die Hände auf seine Augen. Da sah der Mann klar und war wieder gesund: Er konnte nun alles deutlich erkennen! Dann schickte Jesus ihn nach Hause, wobei er ihm auftrug: »Geh aber nicht ins Dorf!«

Herr, ich versuche nicht,
in deine Höhe vorzudringen;
mein Verstand kann dich ja
auf keine Weise erreichen.
Ich wünsche nur, einigermaßen
deine Wahrheit zu begreifen,
die mein Herz glaubt und liebt:

Denn ich suche nicht zu begreifen,
um zu glauben,
sondern ich glaube,
um zu begreifen.

Anselm von Canterbury (1033-1109)

Siehst Du etwas?

WAS BERÜHRT DICH? – WORAN DENKST DU? – WAS FÜHLST DU?

Siehst Du etwas?

DEINE ANTWORT AN JESUS:

Siehst Du etwas?

Was fragst Du mich:
Was sehe ich?
Was willst Du von mir?

Willst Du meine Augen öffnen
für die Liebe, die Du einpflanzt,
für den Hass, den ich säe,
für den Frieden, den Du ermöglichst,
obwohl ich den Krieg erwählt?

Willst Du mir die Härte meines Herzens zeigen,
obwohl Du Dir Leben in Fülle wünscht?

Willst Du meine Blicke lenken
auf die Hoffnung, die Du gibst,
auf die Sorgen, die mich quälen,
auf den Glauben, den Du schenkst,
obwohl ich vor Angst gelähmt?

Willst Du mir die Trauer meines Herzens zeigen,
obwohl Du Dir Freude wünscht?

Ich sehe Kreuz, Leid und Tod!
Sind sie unumgänglich?
Obwohl Du Auferstehung willst, auch für mich!

Siehst Du etwas?

Ich sehe etwas, Jesus:
Eine wunderschöne Welt!
Eine großartige Welt!
Eine bedrohte Welt!
Eine sensible Welt!
Eine Welt auf Irrwegen!
Manchmal sehe ich schwarz – auch für mich.

Ich sehe etwas, Jesus.
Oft sehe ich nicht richtig hin,
bin im Vorbeigehen oberflächlich,
will nicht genauer hinschauen.

Ich sehe etwas, Jesus:
Deine Hilfe!
Deine Wegweisung!
Deine Güte!
Deine Barmherzigkeit!
Deine Liebe!
Ich sehe wie Du schaust – auch auf mich.

Ja, ich sehe etwas, Jesus.
Dein Blick öffnet meine Augen
und ich sehe liebevoller, erbarmender, heilsamer
auf das Widrige und Anstößige in dieser Welt –
auch in mir.

Siehst Du etwas?

DEINE FRAGEN AN JESUS:

JESUS FRAGT DICH!

Für wen halten mich die Menschen?

Du aber, für wen hältst Du mich?

Markus 8,27-30

Jesus und seine Jünger zogen weiter in die Dörfer von Cäsarea Philippi; und auf dem Weg befragte er seine Jünger. Er sagte zu ihnen: »Für wen halten mich die Menschen?« Da antworteten sie ihm: »Einige für Johannes den Täufer und andere für Elija, wieder andere meinen, dass du einer von den Propheten bist.« Und weiter fragte er sie: »Ihr aber, für wen haltet ihr mich?« Petrus antwortete ihm: »Du bist der Messias, der Gesalbte, der Christus!« Da befahl Jesus ihnen, mit niemandem über ihn zu sprechen.

Christus ist unser Leben

Christus hat keine Hände,
nur unsere Hände,
um seine Arbeit heute zu tun.
Er hat keine Füße,
nur unsere Füße,
um Menschen auf seinen Weg zu führen.
Christus hat keine Lippen,
nur unsere Lippen,
um Menschen von ihm zu erzählen.
Er hat keine Hilfe,
nur unsere Hilfe,
um Menschen an seine Seite zu bringen.

Aus dem 14. Jahrhundert

Für wen halten mich die Menschen?

WAS BERÜHRT DICH? – WORAN DENKST DU? – WAS FÜHLST DU?

Für wen halten micht die Menschen?

DEINE ANTWORT AN JESUS:

Für wen halten mich die Menschen?

Du bist ein bedeutender Mann der Geschichte.
Manchmal verschwindest Du hinter Deiner Bedeutung,
sodass einige meinen,
Du seist ein Phantom, eine Erfindung.

Du bist ein moralischer und spiritueller Anführer.
An Deinen Worten und Hinweisen
kann man sich orientieren,
wenn man will.

Du bist der Gründer einer mächtigen Religion.
Ein jüdischer Erneuerer und Prophet,
dessen Botschaft hauptsächlich
von Nichtjuden angenommen wurde.

Du bist Halt und Orientierung.
Durch Deine Wegweisung,
finden sich Menschen als Schwestern und Brüder zusammen
und wollen Dir im Glauben folgen.

Du bist Heiland und Retter in vielen Nöten.
Obwohl Du gescheitert und gestorben bist
wie andere Menschen auch,
verheißt Du Heil und Auferstehung.

Für wen halten mich die Menschen?

Du bist anstößiger Fragesteller.
An Dir scheiden sich die Geister
und manchmal auch die Christen,
wenn es um das Verständnis Deiner Botschaft geht.

Du bist Geschichte.
Deine Zeit ist vorbei,
Deine Wirkung indirekt,
durch Deinen Einfluss auf unsere Kultur.

Ja, Jesus, dafür halten Dich die Menschen.
Du bist eine große Frage,
eine große Anfrage Gottes an uns.

Für wen halten mich die Menschen?

```
W F A U L Q P F R E I N E L H V
S K A U I R R E L E V A N T E P
? H G R E S O ! W E G M D U I K
W O R T B M P H E N D E ? F L R
S C H E I N H E I L I G E R A Ü
U H E S N B E H N I ! A ? A N C
P S R G O T T I C C L L K G D K
E T R C V T Ü R H H E I T E L E
R A M L A N ! T R T B K R E U Z
H B R O T O L L I R E T T E R P
E L Q L I ! ? A S V N G S O H N
L E R E V O L U T I O N Ä R Q F
D R O G E ! I T ! H E I L I G F
A ! I U I L E B E N B ? Z O Y R
E R S T E ? B R O T F R I E D E
M Q ? A U F E R S T E H U N G I
```

Achte darauf, dass du nicht
an Glaubenssätzen festhältst,
sondern an Christus.

Oswald Chambers (1874 - 1917)

Für wen halten mich die Menschen?

DEINE FRAGEN AN JESUS:

Wo ich auch bin,
du bist mein Freund,
der meine Hand hält und mich führt.

Wo ich auch gehe,
du bist mein Halt.
An meiner Seite bist du,
du trägst meine Last.

Wenn ich falle,
du richtest mich wieder auf.
Wenn ich ermüde,
du schenkst mir Kraft,
o Gott, du bringst mich voran.

      Aus Indien

Du aber, für wen hältst Du mich?

WAS BERÜHRT DICH? – WORAN DENKST DU? – WAS FÜHLST DU?

Du aber, für wen hältst Du mich?

DEINE ANTWORT AN JESUS:

<u>*Du aber, für wen hältst Du mich?*</u>

Du bist

der Weg,

die Wahrheit,

das Leben.

Du aber, für wen hältst Du mich?

Mit Dir, mein Herr und mein Gott,
beginnt die Verwandlung der Welt,
die Heilung, die Ewigkeit.
Du bist die Liebe und das Erbarmen des Vaters!
Du führst mich hinaus ins Weite,
Du erleuchtest meine Finsternis.
Du weist mir den Weg zum wahren Menschsein,
zum wirklichen Leben.
Du ermutigst mich Antwort zu geben,
auf das Geschenk des Lebens und der Liebe.

Du aber, für wen hältst Du mich?

DEINE FRAGEN AN JESUS:

Warum streitest Du mit ihnen?

Markus 9,14-29

Jesus kam mit Petrus, Jakobus und Johannes vom Berg zu den übrigen Jüngern zurück. Da sah er, dass eine große Menschenmenge um die Jünger versammelt war und dass Schriftgelehrte mit ihnen stritten. Als die Menschenmenge Jesus sah, geriet sie in freudige Erregung, lief auf ihn zu und begrüßte ihn. Da fragte er sie: »Warum streitet ihr mit ihnen?« Einer aus der Menschenmenge antwortete ihm: »Lehrer, ich wollte meinen Sohn zu dir bringen. Er ist von einem Geist besetzt, der ihn stumm macht. Immer wieder packt er ihn, zerrt ihn hin und her und wirft ihn zu Boden. Ihm tritt Schaum vor den Mund, er knirscht mit den Zähnen und wird ganz starr. Ich sagte zu deinen Jüngern, dass sie den Geist vertreiben sollen. Aber sie waren zu schwach.«

Da fuhr Jesus sie an: »Oh, ihr ungläubigen Zeitgenossen! Wie lange muss ich denn noch bei euch sein? Bis wann muss ich euch denn noch ertragen? – Bringt den Jungen zu mir!« Sie brachten ihn zu ihm. Kaum hatte der Geist Jesus gesehen, schüttelte er den Jungen sofort in heftigen Krämpfen, sodass er sich auf der Erde mit Schaum vor dem Mund wälzte. Da fragte Jesus den Vater: »Wie lange geht das schon so mit ihm?«

Und der Vater antwortete: »Schon von frühster Kindheit an. Ja und mehrfach hat er ihn sogar ins Feuer oder auch ins Wasser geworfen, um ihn umzubringen. Ich flehe dich an, wenn es in deiner Macht steht, dann hilf und hab Mitleid mit uns!« Jesus antwortete ihm: »Wenn es in deiner Macht steht...? – Wer glaubt, vermag alles!« Sofort schluchzte der Vater des Jungen und rief: »Ich glaube! Hilf meinem Unglauben!«
Als Jesus sah, dass die Menschenmenge herandrängte, befahl er dem unreinen Geist: »Du stummer und tauber Geist, ich befehle dir, komm aus ihm heraus und geh nie mehr in ihn hinein!« Und schreiend und den Jungen in heftigen Krämpfen schüttelnd kam er heraus. Der Junge aber war wie tot, sodass die meisten sagten: »Er ist gestorben.« Doch Jesus ergriff seine Hand, richtete ihn auf – und er stand auf.
Nachdem Jesus ins Haus gegangen war, fragten ihn seine Jünger: »Warum konnten wir den stummen Geist nicht austreiben?« Da sagte er zu ihnen: »Diese Art kann durch nichts ausgetrieben werden – nur durch Gebet.«

Warum streitest Du mit ihnen?

WAS BERÜHRT DICH? – WORAN DENKST DU? – WAS FÜHLST DU?

Warum streitest Du mit ihnen?

DEINE ANTWORT AN JESUS:

Warum streitest Du mit ihnen?

Jetzt auch noch Du?

Ich versuche alles,
gebe mein Bestes –
und jetzt –
jetzt gibt es Ärger,
nur weil es nicht so funktioniert
wie alle hoffen.

Ich bin doch nicht Gott!
Ich kann keine Toten lebendig machen.
Natürlich rette ich schon mal ein Leben.
Aber eine Wunderheilerin bin ich nicht.
Hand auflegen – und schon wieder gesund.
So geht das nicht!

Und was willst Du mit Gebet?
Ich verstehe dich nicht.
Das rettet die Situation auch nicht mehr.
Hilf Du, Herr Jesus, und lass uns nicht allein!

Warum streitest Du mit ihnen?

Herr, ich streite nur wenig;
ich bin sehr harmoniebedürftig.
Wenn ich streite,
kommt mein gebändigter Jähzorn raus:
Ich streite, wenn mich etwas nervt
und ich schon vorher nicht gut drauf war.
Ich streite, weil mich jemand provoziert
und ich gerade keine Kraft zur Gelassenheit habe.
Ich streite, weil ich mich ärgere, über mich selbst
und versuche wenigstens etwas zu retten.
Ich streite, weil ich mich schwach und hilflos fühle
und doch mal Recht haben möchte.

Herr, gib mir Kraft und Einsicht,
dass ich streite und kämpfe,
wenn es um Wesentliches geht,
für mich und für andere.
Herr, lass mich in Dir Halt und Orientierung
finden, dass ich fair und eindeutig dastehe.
Gib mir Gelassenheit, damit ich unterscheiden kann
zwischen notwendigem Streiten und sinnlosem,
überflüssigen Streit.
Hilf, dass mein und meiner Mitmenschen Streiten
alle in Deinem Geist voran bringt
und zum Frieden führt.

Warum streitest Du mit ihnen?

DEINE FRAGEN AN JESUS:

JESUS FRAGT DICH!

*Worüber
habt Ihr auf dem Weg
gesprochen?*

Markus 9,33-37

Nachdem Jesus mit seinen Jüngern zum zweiten Mal über seinen Tod und seine Auferstehung gesprochen hatte, kamen sie nach Kafarnaum. Als er im Haus war, fragte er sie: »Worüber habt ihr auf dem Weg gesprochen?« Sie aber schwiegen, denn sie hatten auf dem Weg miteinander diskutiert, wer der Größte sei. Da setzte er sich, wandte sich an die Zwölf und sagte zu ihnen: »Wenn jemand der Erste sein will, wird er der Letzte von allen und der Diener aller sein.« Und er nahm ein Kind, stellte es in ihre Mitte, umarmte es und sagte zu ihnen: »Wer ein solches Kind mir zuliebe aufnimmt, nimmt mich auf, und wer mich aufnimmt, nimmt nicht mich auf, sondern den, der mich gesandt hat.«

Mein Herr und mein Gott,
nimm alles von mir,
was mich hindert zu Dir.

Mein Herr und mein Gott,
gib alles mir,
was mich fördert zu Dir.

Mein Herr und mein Gott,
nimm mich mir
und gib mich ganz zu eigen Dir.

Niklaus von Flüe (1417-1487)

Worüber habt ihr auf dem Weg gesprochen?

WAS BERÜHRT DICH? – WORAN DENKST DU? – WAS FÜHLST DU?

Worüber habt ihr auf dem Weg gesprochen?

DEINE ANTWORT AN JESUS:

Worüber habt ihr auf dem Weg gesprochen?

Du bist, aus menschlicher Perspektive,
am Kreuz gescheitert.

So?
Und was noch?

Über die Kapitulation Gottes, weil er
Deine Mitmenschen von ihrem brutalen Treiben
nicht abhalten kann.

Und was meinst du dazu?

Ich kann diese Argumentation sehr gut nachvollziehen,
aber ...

Aber?

Du eröffnest neue Perspektiven.
Wenn ich Dich sehe – weiß ich,
ich kann und ich soll mich frei entscheiden.
Wenn ich Dich sehe – weiß ich,
ich kann und ich soll Antwort geben.
Wenn ich Dich sehe – weiß ich,
ich kann und ich soll Gott-Vater vertrauen.
Wenn ich Dich sehe – sehe ich,
wie Gott geliebt werden möchte.
Wenn ich Dich sehe – sehe ich,
wie mein Leben gelingen kann – trotz Todesurteil.
Wenn ich Dich sehe – sehe ich die Ewigkeit.

Worüber habt ihr auf dem Weg gesprochen?

Macht, Ehre und Besitz sind keine wichtigen
Themen für mich.

Wir sprechen über die Kirche
und ihre Rolle in der Welt;
über das Bistum, die Gemeinden, die Pfarreien
und den Papst.
Geschichte und Vergangenes.
Alles ganz wichtig!

Auf Dich, Jesus, blicken wir dabei kaum!
Dich nehmen wir nur selten mit ins Gespräch!
Gerade stelle ich mir vor, was passieren könnte,
wenn wir Dich in unsere Gespräche mit
einbeziehen.

Dann:
- Reden wir über unsere persönlichen Erfahrungen
  mit Dir auf unserem Weg durch die Zeit.
- Danken wir für das, was jede und jeder zur
  Orientierung und Ermutigung beiträgt.
- Suchen wir Dein Wort in unserem Nächsten.
- Sprechen wir über unseren individuellen Auftrag
  für diese Welt.
- Tragen wir unsere Nöte, Ängste und
  Frustrationen im Gebet zu Dir.
- Hören wir wie Du uns den Sinn der Schrift
  und des Lebens aufschließt.

Worüber habt ihr auf dem Weg gesprochen?

DEINE FRAGEN AN JESUS:

JESUS FRAGT DICH!

*Was soll ich
für Dich tun?*

Markus 10,35-45

Nachdem Jesus zum dritten Mal mit seinen Jüngern über sein Leiden, Sterben und Auferstehen gesprochen hatte, kamen Jakobus und Johannes, die Söhne des Zebedäus, auf ihn zu und sagten zu ihm: »Lehrer, wir wollen, dass du für uns tust, worum wir dich bitten werden.« Da sagte er zu ihnen: »Was soll ich für euch tun?« Sie antworteten ihm: »Gewähre uns, dass wir in deiner Herrlichkeit einer rechts und einer links von dir sitzen!« Da sagte Jesus zu ihnen: »Ihr wisst nicht, um was ihr da bittet! Könnt ihr den Becher trinken, den ich trinke? Oder könnt ihr mit der Taufe getauft werden, mit der ich getauft werde?« Sie antworteten ihm: »Das können wir!« Jesus aber sprach zu ihnen: »Den Becher, den ich trinke, werdet ihr trinken, und mit der Taufe, mit der ich getauft werde, werdet ihr getauft werden, aber es steht mir nicht zu, euch das Sitzen an meiner rechten oder linken Seite zu gewähren. Das Sitzen zu meiner Rechten und zu meiner Linken steht denjenigen zu, für die es bestimmt ist.«
Als die zehn anderen Jünger das hörten, waren sie wütend auf Jakobus und Johannes. Da rief Jesus sie alle zu sich und sagte zu ihnen: »Ihr wisst, dass diejenigen, die als Regierende der Völker gelten, die Menschen unterdrücken und dass die Mächtigen ihre Macht über die Menschen missbrauchen. Aber so ist es bei euch nicht: Wer bei euch groß sein möchte, soll vielmehr euer Diener sein und wer bei euch bedeutend sein möchte, soll Sklave aller sein. Denn auch der Menschensohn ist nicht gekommen, um sich dienen zu lassen, sondern um zu dienen und sein Leben als Lösegeld für viele zu geben.«

Je mehr ich darüber nachdenke,
desto mehr fühle ich,
dass es nichts gibt,
was wahrhaft künstlerischer wäre,
als die Menschheit zu lieben.

    Vincent van Gogh (1853-1890)

Was soll ich für Dich tun?

WAS BERÜHRT DICH? – WORAN DENKST DU? – WAS FÜHLST DU?

Was soll ich für Dich tun?

DEINE ANTWORT AN JESUS:

Was soll ich für Dich tun?

Oft wünsche ich mir, Dich besser zu verstehen.
Deine Worte, Dein Leben, Dein Sterben, Jesus,
sind für mich Zumutung und Provokation!

Aber, warum glaube ich dann an Dich?
Warum versuche ich Dir zu folgen?
Warum hoffe ich auf Dich?

Nur,
wenn ich Dich als Zumutung
für mein menschliches Dasein begreife,
als den ganz anderen sehe,
nur,
wenn ich mich auf Dich zu bewege,
auf Dich einlasse,
über meine eigenen Grenzen hinauswachse,
nur,
wenn ich mein Leben in Deinem Angesicht lebe,
mich immer wieder als hilfsbedürftig begreife,
wenn ich mich in meinem Versagen, meiner Schwäche,
meiner Schuld glaubend an Dich wende,
nur,
wenn ich hoffe, auch wenn niemand mehr hofft,
glaube, wenn alle sich abwenden,
liebe, wenn andere vor Hass brüllen,
nur,
dann lebe ich wirklich!

Du musst Zumutung bleiben!

Was soll ich für Dich tun?

Herr, ich bitte Dich:
Sende mich in diese Welt,
in der Freude und Leichtigkeit regieren,
in der aber auch Gegenwind, Schmerzen und
Dunkelheit existieren.

Herr, ich bitte Dich:
Lass mich hören, spüren und sehen,
wohin Du mich rufst.
Lass mich tun, was Du willst.

Herr, ich bitte Dich:
Hilf mir zu unterscheiden
zwischen fruchtbarer Macht
und zerstörerischer Macht.

Herr, ich bitte Dich:
Sei Du immer bei mir
und lass mich auf Dich vertrauen,
auch wenn Du zu schweigen scheinst.

Was soll ich für Dich tun?

DEINE FRAGEN AN JESUS:

JESUS FRAGT DICH!

*Was willst Du,
dass ich Dir tue?*

Markus 10,46-52

Sie kamen nach Jericho. Und als Jesus, seine Jünger und eine beachtliche Menschenmenge wieder von Jericho aufbrachen, da saß Bartimäus, der Sohn des Timäus, ein blinder Bettler, am Straßenrand. Als er hörte, dass es Jesus der Nazarener war, fing er an zu schreien und rief: »Sohn Davids, Jesus, hab Erbarmen mit mir!« Und viele herrschten ihn an zu schweigen. Aber er schrie umso lauter: »Sohn Davids, hab Erbarmen mit mir!« Da blieb Jesus stehen und sagte: »Ruft ihn!« Und sie riefen den Blinden und sagten zu ihm: »Keine Angst! Hab nur Mut! Steh auf! Er ruft dich!« Da warf der Blinde seinen Mantel weg, sprang auf und kam zu Jesus. Dieser fragte ihn: »Was willst du, dass ich dir tue?« Da sagte der Blinde zu ihm: »Rabbuni, dass ich sehen kann!« Und Jesus sprach: »Geh, dein Glaube hat dich gerettet!« Und augenblicklich konnte Bartimäus sehen und folgte Jesus auf dem Weg.

Je dunkler es hier um uns wird,
desto mehr müssen wir das Herz öffnen
für das Licht von oben.

Edith Stein (1891-1942)

Was willst Du, dass ich Dir tue?

WAS BERÜHRT DICH? – WORAN DENKST DU? – WAS FÜHLST DU?

Was willst Du, dass ich Dir tue?

DEINE ANTWORT AN JESUS:

Was willst Du, dass ich Dir tue?

Ja, blind –
absolut blind bin ich!
Bis Du meine Augen öffnest.

Und das Schlimmste ist mein Stolz:
Alles mit klaren Augen sehen zu können.
Nichts sehe ich –
bis Du meine Augen öffnest.

Auch ich muss zuerst den Mantel wegwerfen,
den Mantel, der mir Sicherheit und Halt verspricht.
Wenn ich ihn loslasse,
kann ich sehen, wie blind ich bin.

Es ist schwierig
nicht nach neuen Mänteln zu suchen,
die Augen offen zu halten,
die Fallen zu vermeiden.

Was will ich, dass Du mir tust?
Halte Du mich,
aber halt mich nicht zu fest,
damit ich alles loslassen kann,
außer Dich!

Was willst Du, dass ich Dir tue?

Sehen, wieder sehen,
Deine Nähe erfahren:
Dich hereinbitten in mein Leben!

Dem Du des Vaters begegnen,
ihm antworten,
durch mein Handeln und Reden!

Verzeihe, Herr!
Ich bin ein sündiger Mensch,
aber ich möchte Dich zu den Menschen tragen.

Erfüllt von Deinem Geist,
angetrieben von ihm,
will ich Freude schenken,
heilsam wirken!

Herr, öffne meine Augen,
gib mir ein neues Herz,
neue Kraft,
damit ich Dir folge
auf Deinem Weg.

Was willst Du, dass ich Dir tue?

DEINE FRAGEN AN JESUS:

JESUS FRAGT DICH!

*Warum versuchst
Du mich,
warum stellst Du
mir eine Falle?*

Markus 12,12-17

Die Hohepriester, die Schriftgelehrten und Ältesten suchten nach einer Möglichkeit, Jesus festnehmen zu lassen. Sie hatten nämlich gemerkt, dass er das Gleichnis (von den bösen Winzern. Mk. 12,1-9) gegen sie gesprochen hatte. Aber sie fürchteten die Menschenmenge. Daher ließen sie ihn zunächst in Ruhe und gingen davon. Später schickten sie einige Pharisäer und Anhänger des Herodes zu ihm, um ihn mit einer Frage in eine Falle zu locken. Als sie zu Jesus kamen, sagten sie: »Lehrer, wir wissen, dass du aufrichtig bist und auf niemanden besondere Rücksicht nimmst: Du schaust eben nicht auf das Äußere der Menschen, sondern lehrst wirklich den Weg Gottes. Also: Darf man dem Kaiser Steuern zahlen oder nicht? Sollen wir sie zahlen oder nicht zahlen?« – Doch er erkannte ihre Heuchelei und sagte zu ihnen: »Warum versucht ihr mich und stellt mir eine Falle? – Bringt mir einen Denar, damit ich ihn mir anschauen kann.« Da brachten sie ihm einen Denar. Und er fragte sie: »Wessen Bild und Aufschrift ist das hier?« Sie aber antworteten: »Des Kaisers.« Da sagte Jesus zu ihnen: »Was dem Kaiser gehört, gebt dem Kaiser zurück, und was Gott gehört, gebt Gott!« Da waren sie sehr erstaunt über ihn.

Der Glaube geht in die Brüche,
wenn er als Deckmantel für die
ehrgeizige Rechthaberei
der einzelnen dienen muss.

Gregor von Nazianz (ca. 329-390)

*Warum versuchst Du mich,
warum stellst Du mir eine Falle?*

WAS BERÜHRT DICH? – WORAN DENKST DU? – WAS FÜHLST DU?

Warum versuchst Du mich,
warum stellst Du mir eine Falle?

DEINE ANTWORT AN JESUS:

Warum versuchst Du mich,
warum stellst Du mir eine Falle?

    Eine Falle stellen?
    Wie sollte ich Dir eine Falle stellen?

    Du meinst, ich stelle Dir eine Falle,
    weil ich dich so selten besuchen komme?
    Ich komme Dich so selten besuchen,
    weil meine Nachbarn auf der Kirchenbank
    so konservativ aussehen,
    weil der eine Pastor nicht authentisch wirkt,
    weil einige Kleriker immer noch in Selbstherrlichkeit
    verfangen sind,
    weil Frauen in der Kirche immer noch
    benachteiligt werden,
    weil, weil, weil ...
    es gibt so viele Gründe.

    Ja, aber was hat das mit Dir zu tun?
    Das fragst Du mich zurecht!

    Ich weiß, ich stelle mir selbst eine Falle,
    um einer Beziehung mit Dir aus dem Weg zu gehen.

Warum versuchst Du mich,
warum stellst Du mir eine Falle?

Versuchen, Herr,
versuchen, das ist ein übles Tun:
Mal sehen, ob er sich da heraushält.
Mal sehen, ob er standfest bleibt.
Mal sehen, ob wir ihn nicht auf unsere Seite
ziehen können.

Versuchen, Herr,
versuchen, dass ist ein übles Tun:
Zuschauen, obwohl ich betroffen sein sollte,
zuschauen, obwohl ich herausgefordert bin
mitzuwirken,
Zuschauen, obwohl ich Antwort geben sollte,
auf die Fragen die Dein Leben stellt.

Versuchung, Herr,
Versuchung - das Spiel der Versucher,
aktiv oder passiv dem Leben zu widerstehen,
Leben, von Dir geschenkt.

Herr, lass mich hören, antworten, wirken und
wahrhaft zum Leben finden, zu Dir!

*Warum versuchst Du mich,
warum stellst Du mir eine Falle?*

DEINE FRAGEN AN JESUS:

*Warum lässt Du
sie nicht in Ruhe?*

Markus 14,3-9

Als Jesus in Bethanien, im Haus Simons des Leprakranken, bei Tisch lag – kam eine Frau, die ein Alabastergefäß voll kostbarem, reinem Nardenduftöl bei sich hatte. Nachdem sie das Alabastergefäß zerbrochen hatte, goss sie das Öl auf seinen Kopf. Einige aber waren darüber verärgert und sagten zueinander: »Was für eine Verschwendung! Man hätte dieses Parfum für mehr als 300 Denare verkaufen und den Erlös den Armen geben können.« Und sie machten ihr Vorwürfe.
Jesus aber sprach: »Hört auf! Warum lasst ihr sie nicht in Ruhe? Sie hat ein gutes Werk an mir getan! Die Armen habt ihr immer bei euch – sooft ihr wollt, könnt ihr ihnen Gutes tun; mich aber habt ihr nicht immer bei euch. Was diese Frau tun konnte, hat sie getan: Sie hat im Voraus meinen Leib für das Begräbnis einbalsamiert. Amen, ich sage euch, wo auch immer die Frohe Botschaft auf der ganzen Welt verkündet wird, wird auch von dem, was diese getan hat, gesprochen werden – zur Erinnerung an sie.«

Soviel in dir die Liebe wächst,
soviel wächst die Schönheit in dir.
Denn die Liebe
ist die Schönheit der Seele.

Augustinus (354-430)

Warum lässt Du sie nicht in Ruhe?

WAS BERÜHRT DICH? – WORAN DENKST DU? – WAS FÜHLST DU?

Warum lässt Du sie nicht in Ruhe?

DEINE ANTWORT AN JESUS:

Warum lässt Du sie nicht in Ruhe?

```
W E G E N M E I N E R R A C H E
E S V E R U N S I C H E R U N G
G E O E I T E L K E I T N B B R
E L R Q W B L Ö D H E I T H E O
N B U N V E R S T Ä N D N I S S
M S R O D F K T S O R G E N S S
E T T T J R U O R D N U N G E M
I M E O H E N L E B E N E D R A
N I I D P M W Z W G G E I Z W U
E T L E I D I S T A N Z D R I L
M L E D A E S K R A T L O S S J
P E I G E N S I N N C H Y W S H
W I S S E N E U N G L A U B E N
F D J E L E N D F S C H A M R G
A R R O G A N Z N T R I E B E S
C Q B E Q U E M L I C H K E I T
```

Warum lässt Du sie nicht in Ruhe?

Ungewöhnliches, Neues, Seltsames
beobachte ich kritisch
und ich weiß schnell: »Das ist nicht normal! –
Das darf nicht so sein! – Das muss anders!«
Ich habe da meine Maßstäbe!
Was mich irritiert, blocke ich ab.

Dennoch:
Behutsam gilt es umzugehen,
mit Neuem und Fremdem.
Nicht sofort alles abzublocken.
Nicht sofort zerstörerisch dagegen zu wirken
in Wort und Tat.

Du fragst mich und
stellst mein Tun in Frage,
aber lehnst mich nicht ab.
So kann auch ich mich hinterfragen
und neu in Kontakt kommen
mit meinem Denken und Fühlen.

Ich finde einen neuen Blickwinkel
auf das Geschehen,
sehe ein Stück Zukunft darin verborgen,
einen Ausdruck echter Menschlichkeit,
der Liebe und des Lebens.

Warum lässt Du sie nicht in Ruhe?

DEINE FRAGEN AN JESUS:

JESUS FRAGT DICH!

*Schläfst Du
immer noch und
ruhst Dich aus?*

Markus 14,32-42

Nach dem Paschamahl gingen Jesus und seine Jünger zu einem Grundstück, dessen Name »Getsemani« war, und er sagte zu ihnen: »Setzt euch hier hin, bis ich gebetet habe!« Dann nahm er Petrus, Jakobus und Johannes mit sich. Er begann ganz aufgeregt und beunruhigt mit ihnen zu reden und sagte: »Meine Seele ist zu Tode betrübt; bleibt hier und wacht!« Und er ging ein wenig voraus und warf sich auf die Erde. Er betete, dass – wenn möglich – die Stunde an ihm vorübergehe. Er sprach: »Abba, Vater, alles ist dir möglich. Nimm diesen Kelch von mir weg! Doch nicht wie ich will, sondern wie du willst!« Und er kam zurück und fand die drei Jünger schlafend vor. Er sagte zu Petrus: »Simon, schläfst du? Konntest du nicht eine einzige Stunde wachen? – Wacht und betet, damit ihr nicht in Versuchung geratet! Der Geist ist zwar willig, aber das Fleisch ist schwach.« Erneut ging er weg, betete und sprach dasselbe Gebet. Als er wieder zu den Jüngern zurückkehrte, stellte er fest, dass sie schliefen, denn ihre Augen waren schwer; und sie wussten nicht, was sie ihm antworten sollten. Und das dritte Mal kam er und sagte zu ihnen: »Schlaft ihr immer noch und ruht euch aus? Es reicht. Die Stunde ist gekommen! Siehe: Der Menschensohn wird in die Hände der Sünder ausgeliefert. Erhebt euch, lasst uns aufbrechen. Siehe: Der mich verrät, ist nahe!«

Entscheidungen,
die die Arbeit fordert,
werden einfacher und leichter,
wo sie nicht in Menschenfurcht,
sondern allein vor Gottes Angesicht
gefällt werden.

    Dietrich Bonhoeffer (1906-1945)

*Schläfst Du immer noch
und ruhst Dich aus?*

WAS BERÜHRT DICH? – WORAN DENKST DU? – WAS FÜHLST DU?

*Schläfst Du immer noch
und ruhst Dich aus?*

DEINE ANTWORT AN JESUS:

*Schläfst Du immer noch
und ruhst Dich aus?*

Statt meinen Schmerz und mein Leid zu verneinen,
darf ich sie so annehmen wie sie sind:
Ich darf sie klagend vor Dich, meinen Gott, tragen
und ich darf Dich bitten,
diesen Weg mit mir zu gehen,
dieses Leid und diesen Schmerz mit mir zu fühlen.
Denn Du, Herr, kennst diesen Weg besser als ich.
Amen

<u>Schläfst Du immer noch</u>
<u>und ruhst Dich aus?</u>

Ist es schon Zeit aufzustehen?

Es ist Zeit! Sei wachsam!
Verpasse nicht den entscheidenden Augenblick,
stell dich den Anforderungen des Lebens!

Wie spät ist es?
Kann ich noch ein wenig ausruhen?
Sind meine Kräfte nicht zu schwach?

Es ist soweit!
Steh auf!
Nimm den Weg,
auf den Gott dich schickt!

*Schläfst Du immer noch
und ruhst Dich aus?*

DEINE FRAGEN AN JESUS:

WEITERE FRAGEN UND IHRE ANTWORTEN

WIE ENTSTAND DIESES BUCH?

»Was haben wir mit dir zu tun, Jesus von Nazaret?«
Diese Frage, vor sehr vielen Jahren von einem Mann in der Synagoge von Kafarnaum gestellt und von Markus in seinem Evangelium (1,24) so kurz und knapp in die Heilungsgeschichte dieses von Dämonen besessenen Mannes eingefügt, berührt mich ganz tief in meinem Inneren.
Ja, was haben wir denn mit Jesus zu tun?
Der Dämon beantwortet seine Frage sofort selbst: »Bist du gekommen, um uns ins Verderben zu stürzen? Ich weiß, wer du bist: Der Heilige Gottes.« Dann musste er den Mann unverzüglich verlassen. Also alles klar: Jesus vertreibt die Dämonen, er ist der Heilige Gottes, der Messias.
Aber was habe ich mit dir zu tun, Jesus?
Für mich ist diese Frage immer wieder ein Anlass, über meine Beziehung zu Jesus nachzudenken: Wer ist Jesus für mich? Was bedeutet es für mich Christ zu sein? Wie war es, bevor ich mich bewusst für eine Beziehung mit Jesus entschied? Wie hat sich diese Beziehung im Laufe der Zeit gewandelt?
Manchmal kommen meine Antworten ganz schnell und selbstverständlich wie bei dem Dämon. Manchmal fällt mir keine Antwort ein. Und dann frage ich mich: Was habe ich eigentlich mit dir zu tun, Jesus?
Dann begreife ich: Ich bin hängen geblieben. Ich bin in eine Sackgasse geraten. Die Beziehung entwickelt sich nicht weiter. Beziehungen leben vom Dialog. Wie aber neu ins Gespräch, in einen lebendigen Austausch, mit Jesus kommen?

In den folgenden Kapiteln des Markusevangeliums entdecke ich Fragen, die Jesus an seine Mitmenschen richtet. Ich schreibe diese Fragen auf und merke: Die Beschäftigung mit diesen Fragen und das Ringen um Antworten bringen mich in eine tiefere Dimension meiner Glaubensbeziehung; und aus meinen Monologen werden immer häufiger Dialoge.

Einige meiner Antworten auf die Fragen Jesu schicke ich Peter. Wir tauschen uns intensiv aus und neue Fragen tauchen auf: Was haben diese Fragen heute, in meinem aktuellen Leben, mit mir zu tun? Kann ich sie aus dem Kontext, in dem sie damals gestellt worden sind, lösen? Welche Gefühle werden durch diese Fragen in mir ausgelöst?

Bei unseren Gesprächen stellen wir fest: Diese Fragen Jesu sind wichtig! Sie rütteln wach, sie führen weiter, sie machen Mut Neues zu wagen. Die Fragen können schmerzlich sein. Sie decken Schwächen auf und zeigen, ob wir zu eingefahren, zu engstirnig sind.

Wir merken aber auch: Lassen wir uns wirklich auf die Fragen ein, eröffnen sich neue Perspektiven, zeigen sich andere Wege. Es entwickelt sich eine viel intensivere Beziehung zu Jesus. Es entsteht eine Freundschaft mit Jesus.

Francisco de Osuna (1492-1541) sagte, dass »Freundschaft und Verbindung mit Gott in diesem Erdenleben möglich sind.« Ja, Freundschaft mit Jesus ist auch heutzutage möglich! Und Jesu Fragen und unsere Antworten sind ein Weg dahin.

WIESO VERWENDEN WIR DIE OFFENE BIBEL?

Es gibt sehr viele verschiedene Bibelübersetzungen – die bekanntesten in deutscher Sprache sind die Einheitsübersetzung, Lutherbibel und die Gute Nachricht Bibel. Wer sich für die Fülle der verschiedenen Bibelübersetzungen interessiert, findet eine gute Übersicht unter Wikipedia: https://de.wikipedia.org/wiki/Bibelübersetzung. Wir verwenden in diesem Buch, die von uns überarbeiteten Texte der Studienfassung der Offenen Bibel (https://offene-bibel.de). Gründe dafür gibt es viele. Ausschlaggebend für unsere Entscheidung ist: Durch den fremd erscheinenden Text, ist eine neue Sichtweise auf den Inhalt des Textes gegeben. Es erschließen sich andere Aspekte, die dann wiederum neue Zugänge zum Inhalt ermöglichen.

Die Arbeit an der Studienfassung der Offenen Bibel bereichert uns sehr – danke an die Menschen, die dieses Projekt betreiben.

WIESO DUZEN WIR UNSERE LESER?

In den Evangelien fragt Jesus seine Mitmenschen in der sehr persönlichen Du-Form. Wir übernehmen diese Form, denn dieses Buch ist ein sehr persönliches Buch.

WER SIND WIR?

Peter Wilhelm Keinecke, Jahrgang 1954, ist Priester im Bistum Essen und in der Gemeindeseelsorge tätig. Er reist und fotografiert gerne und interessiert sich für Geschichte, Kunst und Kultur. In seiner Spiritualität ist er von Charles de Foucauld geprägt. Er ist Mitglied der Gemeinschaft Jesus Caritas.
Er antwortet Jesus in diesem Schrifttyp.

Kelly Kerstin Kregel, Jahrgang 1966, wohnte lange Zeit mit ihrer Familie im Sauerland. Seitdem ihre beiden Töchter erwachsen sind, lebt sie am Rhein. Beruflich ist sie als Tierärztin tätig. Sie fotografiert und kocht gerne und genießt die täglichen Spaziergänge. In ihrer Spiritualität ist sie von Teresa von Avila und Johannes vom Kreuz inspiriert. Sie lernte Peter Wilhelm Keinecke während ihres ehrenamtlichen Engagements in der katholischen Kirche kennen. Außerdem engagiert sie sich als Lesepatin.
Sie antwortet Jesus in diesem Schrifttyp.

WIR ÜBER UNS – KELLY KERSTIN KREGEL

Die Sehnsucht nach
Leben und Lebendigkeit treibt mich an!

Auf einem Bauernhof aufgewachsen,
erlebte ich den Zyklus des Lebens und begriff schnell:
Geburt = Freude und Tod = Trauer.

Der Wunsch zu heilen und Leben zu retten, ließ mich
Tierärztin werden; doch konfrontiert werde ich mit der
Realität des Lebens: Krankheit, Leid und Tod sind
unausweichlich; den Tod kann ich letztendlich nicht
überwinden; so sehr ich mich auch mühe!

Der Blick auf
Jesus – den Gekreuzigten – den Leidenden –
öffnet die Perspektive für
Jesus Christus – den Auferstandenen – den Lebendigen!
Und dieser neue Blickwinkel verändert alles in mir.

WIR ÜBER UNS – PETER WILHELM KEINECKE

Gott ist Nahe!
Seit frühster Kindheit spüre ich: Ich kann Gottes Nähe erfahren und annehmen. Dennoch will diese Erfahrung der Gottesnähe immer wieder auf neue Weise entdeckt werden. Sie ist nie selbstverständlich – sie verlangt teils Wachsamkeit – teils aktive Suche – teils Bereitschaft, sich auf eine Begegnung einzulassen.
Die Erfahrung der Nähe Gottes wird für mich besonders durch die Begegnung mit Jesus Christus vermittelt.
Nachdem mein Christ-sein im Theologiestudium eher theoretisch-wissenschaftlich war, brachte ein Kind mich erneut auf die Spur einer persönlichen Jesus-Beziehung, durch seine Frage: »Was muss man tun, um ein richtiger Christ zu sein?«
Jesu Fragen im Evangelium faszinieren mich und führen mich wieder neu in seine Nähe.

QUELLENVERZEICHNIS

Markus Evangelium, aus: offene-bibel.de; die Texte der Studienfassung dienten als Grundlage für die in diesem Buch abgedruckten Texte.

Zitate von:
M. Simone Weber ADJC, Rechte bei der Autorin.
Psalm 139 Vers 1-4, aus: Gute Nachricht Bibel, revidierte Fassung, durchgesehene Ausgabe, © 2000 Deutsche Bibelgesellschaft, Stuttgart.
Dietrich Bonhoeffer, aus: www.dietrich-bonhoeffer.net/zitat/id/282.
Psalm 69,33-34, aus: Gute Nachricht Bibel, revidierte Fassung, durchgesehene Ausgabe, © 2000 Deutsche Bibelgesellschaft, Stuttgart.
Gebet aus Asien, aus: Die Fülle Deiner Gaben – Heilsame Gedanken und Segenswünsche © missio 2017.
Friedrich Hölderlin, aus: Mein Tagebuch für die Fastenzeit, St. Benno Verlag Leipzig, www.vivat.de.
Khalil Gibran, aus: Mein Tagebuch für die Fastenzeit, St. Benno Verlag Leipzig, www.vivat.de.
Gebet aus Myanmar, aus: Die Fülle Deiner Gaben – Heilsame Gedanken und Segenswünsche © missio 2017.
Niklaus von Flüe, aus: www.aphorismen.de/zitat/27533.
Meister Eckhart, aus: Mein Tagebuch für die Fastenzeit, St. Benno Verlag Leipzig, www.vivat.de.
Dietrich Bonhoeffer, aus: www.dietrich-bonhoeffer.net/zitat/id/292/.
Anselm von Canterbury, aus:www.erzabtei-beuron.de/schott/register/proprium.kal/schott_anz/index.html?file=proprim/April21.htm.

Gebet aus dem 14. Jahrhundert, aus: https://www.caritas-dicvhildesheim.de/cms/contents/caritas-dicvhildeshe/medien/dokumente/service-aktuelles/arbeitshilfe-gestalt/broschuere_mitte_ckd_a5_16-08-08.pdf.

Oswald Chambers, aus: Mein Tagebuch für die Fastenzeit, St. Benno Verlag Leipzig, www.vivat.de.

Gebet aus Indien, aus: Die Fülle Deiner Gaben – Heilsame Gedanken und Segenswünsche © missio 2017.

Niklaus von Flüe, aus: http://www.bruderklaus.com/?id=691.

Vincent van Gogh, aus: Mein Tagebuch für die Fastenzeit, St. Benno Verlag Leipzig, www.vivat.de.

Edith Stein, aus: https://www.aphorismen.de/zitat/67315.

Gregor von Nazianz, aus: http://www.erzabtei-beuron.de/schott/schott_anz.php?file=proprium%2FJanuar02.htm.

Augustinus, aus: Mein Tagebuch für die Fastenzeit, St. Benno Verlag Leipzig, www.vivat.de.

Dietrich Bonhoeffer, aus: Dietrich Bonhoeffer, Die Psalmen. Das Gebetbuch der Bibel, 22. Aufl. Brunnen Verlag, Gießen 2017.

In Texten zitiert:

Charles de Foucauld, aus: www.charlesdefoucauld.org/de/priere.php.

Ijobs Klage: Ijob 3.17-26, Ijobs Erkenntnis: Ijob 42.2-6, aus: Die Bibel - Einheitsübersetzung, 2016 Verlag Katholisches Bibelwerk GmbH, Stuttgart.

Francisco de Osuna, aus: Teresa von Avila, "Ich bin ein Weib - und obendrein kein gutes" S. 43, Verlag Herder GmbH.

Bilder:

Die verwendeten Bilder sind Eigentum des Verlages.

JESUS FRAGT DICH!

BAND 1 – Freundschaft mit Jesus
erhältlich in vier Buchformaten:

Im Handel und online unter tredition.de
ISBN 978-3-9819392-0-0   E-Book   3,- €
ISBN 978-3-9819392-1-7   Paperback   12,50 €
ISBN 978-3-9819392-3-1   Hardcover   20,- €

Sonderauflage in praktischer Ringbindung
direkt beim Verlag ab fünf Stück zu beziehen unter:
dr.kerstin.kregel@jesusfragtdich.de

BAND 2 – Leben in Fülle – erscheint Sommer 2018
mit Jesu Fragen aus dem Johannes-Evangelium

www.ingramcontent.com/pod-product-compliance
Lightning Source LLC
Chambersburg PA
CBHW060759100426
42813CB00004B/873